boring

boring

boring

boring

我好無聊

BORED BORED BORED BORED BORED BORED BORED BORED

BORED

BORED

boring boring boring boring boring boring boring boring boring boring boring boring boring

ING

BORED

我好無聊

作者／麥可・伊恩・布萊克（Michael Ian Black）
繪者／黛比・里帕斯・奧伊（Debbie Ridpath Ohi）

野人文化股份有限公司
社長：張瑩瑩｜總編輯：蔡麗真｜主編：陳瑾璇｜責任編輯：陳韻竹｜封面設計：周家瑤｜內頁排版：洪素貞｜行銷企劃經理：林麗紅｜行銷企劃：蔡逸萱、李映柔

讀書共和國出版集團
社長：郭重興｜發行人：曾大福｜業務平臺總經理：李雪麗｜業務平臺副總經理：李復民｜實體通路組：林詩富、陳志峰、郭文弘、王文賓、賴佩瑜｜網路暨海外通路組：張鑫峰、林裴瑤、范光杰｜特販通路組：陳綺瑩、郭文龍｜電子商務組：黃詩芸、李冠穎、林雅卿、高崇哲、吳眉姍｜專案企劃組：蔡孟庭、盤惟心｜閱讀社群組：黃志堅、羅文浩、盧煒婷｜版權部：黃知涵｜印務部：江域平、黃禮賢、林文義、李孟儒｜出版：野人文化股份有限公司｜發行：遠足文化事業股份有限公司｜地址：231新北市新店區民權路108-2號9樓｜電話：（02）2218-1417｜傳真：（02）8667-1065｜電子信箱：service@bookrep.com.tw｜網址：www.bookrep.com.tw｜郵撥帳號：19504465遠足文化事業股份有限公司｜客服專線：0800-221-029｜法律顧問：華洋法律事務所蘇文生律師｜印製：凱林彩印股份有限公司｜初版：2022年06月｜初版2刷：2023年03月｜

歡迎團體訂購，另有優惠，請洽業務（02）22181417分機1124

獻給我的孩子們，總是覺得超～～～無聊的 Elijah 和 Ruthie。
—M. I. B.

獻給永不感到無聊的 Jeff，謝謝你總是相信我。
—D. R. O.

小野人45
我好無聊【中英雙語✦紐約時報暢銷作家超可愛繪本】
孩子的情緒認知四部曲(1)

作者／麥可・伊恩・布萊克（Michael Ian Black）

作家、諧星兼演員，曾參加《流金歲月》、《加菲根秀》、《哈啦夏令營：第一天》等電視節目的演出。麥可定期在全美巡迴演出單人脫口秀，也著有暢銷書籍：《My Custom Van: And 50 Other Mind-Blowing Essays That Will Blow Your Mind All Over Your Face》、《You're Not Doing It Right: Tales of Marriage, Sex, Death, and Other Humiliations》；童書包括《川普這種生物》（尖端出版）、《Chicken Cheeks》、《The Purple Kangaroo》、《A Pig Parade Is a Terrible Idea》、《光屁屁小超人》以及《Cock-a-Doodle-Doo-Bop!》。麥可與妻子及兩個孩子住在康乃狄克州。
官網：michaelianblack.com

繪者／黛比・里帕斯・奧伊（Debbie Ridpath Ohi）

童書作家及繪者，著有《誰偷走了我的書？》（野人文化出版），她曾與Simon & Schuster, HarperCollins, Random House, Little Brown, Stone Bridge Press and Writer's Digest等出版社合作，並為作家麥可・伊恩・布萊克（Michael Ian Black）《孩子的情緒認知繪本四部曲》（野人文化出版）繪製插畫。
官網：DebbieOhi.com / Twitter: @inkyelbows/ Instagram: @inkygirl.

國家圖書館出版品預行編目(CIP)資料

我好無聊：孩子的情緒認知四部曲. 1 / 麥可・伊恩・布萊克(Michael Ian Black)作；黛比・里帕斯・奧伊(Debbie Ridpath Ohi)繪. -- 初版. -- 新北市：野人文化股份有限公司出版：遠足文化事業股份有限公司發行, 2022.06
面；　公分. -- (小野人；45)
譯自：I'm bored (The I'm books)
ISBN 978-986-384-692-5(精裝)

1.CST: 生活教育 2.CST: 情緒教育 3.CST: 繪本

528.33　　111003256

I'M BORED

我好無聊

作者／麥可・伊恩・布萊克（Michael Ian Black）
繪者／黛比・里帕斯・奧伊（Debbie Ridpath Ohi）

野人

I'm bored.

我好無聊。

Bored.

真無聊。

I'm

我

so

超

BORED!

無聊！

Hey! A potato!

嘿！馬鈴薯！

A potato?

怎麼有馬鈴薯？

可是馬鈴薯有什麼好玩的？

What am I supposed to do
with a potato?!!

Ow.
噢嗚！

我好無聊。

I'm bored.

馬鈴薯，你想玩嗎？

You wanna do something?

想啊。

Sure.

What do you like to do?

那你想玩什麼？

I don't know. I like flamingos.

不知道。我喜歡跟紅鶴玩。

可是這裡沒有紅鶴。

There are no flamingos
around here.

Well,
that's disappointing.

I'm bored.

好吧，
真是令人失望。
我好無聊。

How can a potato be bored?
馬鈴薯怎麼可能會無聊？

'Cause I have to hang out with a kid.
Kids are boring.

因為我只能跟小孩玩，
小孩都很無聊。

What are you talking about?
Kids are fun!

你亂說！
小孩超好玩！

Prove it.

證明給我看。

小孩可以翻筋斗！
We can turn cartwheels!

Boring.
無聊。

And skip. 可以跳步跑。

無聊。
Boring.

可以轉圈圈，轉到頭昏眼花，轉到快要吐出來。

Or spin around in circles until we get so dizzy we almost throw up.

無聊。

Boring.

Kids can

小孩會

玩遊戲，

play games

也會忍者踢，

and do ninja kicks

boring,

無聊、

無聊、

Boring,

and walk on our hands!

還會倒立走！

See? 看到沒？

boring.

無聊。

You know what else?
還有喔！

Kids 小孩
can 會
imagine 幻想
stuff!
很多事！

哪些事？

What kind of stuff?

Like this! See?
像這樣，你看！

現在我是芭蕾明星！
Now I'm a famous ballerina.

Boring.
無聊。

Now I'm a lion tamer with the most ferocious lion in the world.

現在，我變成馴獸師，
能馴服世界上最凶猛的獅子！

無聊。
Boring.

Oh, yeah?
還是無聊？

Well, now I'm a fairy princess
好吧！現在我是魔法公主，

這是我的城堡、噴火龍、獨角獸跟魔法棒。

with my own castle

and dragons

and unicorns

and stuff.

我快睡著了。

Snoring.

Kids can swing!
小孩可以盪高高！

無聊。
Boring.

Kids can jump!
小孩可以跳高高！

無聊。
Boring.

Kids can fly!

小孩可以飛高高！

無聊。

. Boring.

Kids can do ANYTHING!!!

小孩會做很多事!!!

Boring. 無聊。

Boring.
無聊。

Boring. 無聊。

Boring.
無聊。

Boring.
無聊。

Boring.
無聊。

Boring.
無聊。

Boring. 無聊。

無聊。

Boring.

HOW CAN YOU POSSIBLY THINK

你怎麼可以覺得小孩很無聊

WE CAN DO ALL THIS COOL

明明我們能做這麼多超酷的事情

AMAZING THOUGHTS AND

能想出這麼多超棒的點子

KIDS ARE BORING WHEN

STUFF AND THINK ALL THESE

BE ANYTHING WE WANT

TO BE! I'D RATHER BE A

想變成誰，就變成誰！

KID THAN A POTATO

比起馬鈴薯

ANY DAY!

我寧願當小孩！

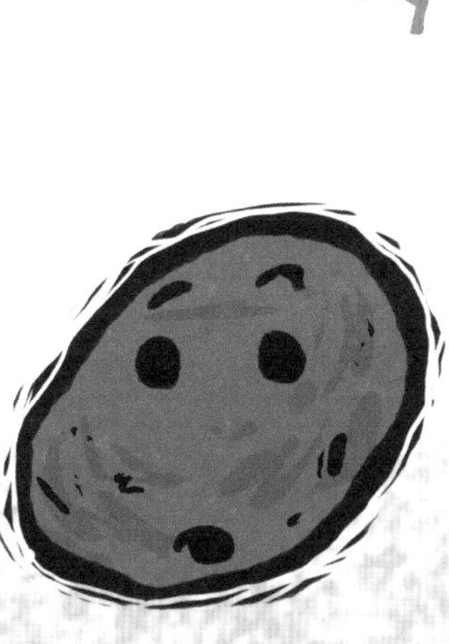

嘿！紅鶴！

Hey! A **flamingo!**

現在我們終於能一起玩了。

Now we can **finally** have some **fun**.

我好無聊。

I'm bored.

BORED

BORING
BORING
BORING

我好
無聊

BORED BORED BORED BORED BORED BORED BORED BORED BORED BORED

BORED

boring

BORED

so
bored

BORED BOR